# LA
# NOUVELLE LÉGISLATION DE LA PRESSE,

PAR

## Arthur DESJARDINS,

Docteur ès-lettres et en droit, Avocat-général
près la Cour impériale d'Aix.

---

BEAUVAIS,

IMPRIMERIE DE D. PERE, RUE SAINT-JEAN.

1867.

# LA NOUVELLE

# LÉGISLATION DE LA PRESSE

---

## I.

### LA JURIDICTION CORRECTIONNELLE.

C'est, je l'avoue, sans de vifs regrets que je vois s'écrouler le régime administratif auquel la presse était soumise depuis quinze ans. Il en faut, ce me semble, d'autant plus féliciter le pays, que l'Empereur entend soustraire la presse périodique à un régime exceptionnellement rigoureux sans l'assujettir à un régime exceptionnellement favorable, en un mot qu'il défère les délits de presse à la juridiction ordinaire, non au jury.

Cependant certains journaux regrettent le système qui succombe. La concession qui ne descend pas jusqu'à l'impunité leur semble illusoire, et le régime de la tolérance leur paraît préférable à celui qui leur permet de vivre en paix à l'abri des lois, non de tout dire et de tout oser. C'est un paradoxe qu'il est malaisé de comprendre.

Puisque Montesquieu a défini la liberté politique le pouvoir de faire tout ce que permettent les lois, on peut, ce semble, définir, à son exemple, la liberté de la presse le pouvoir de dire tout ce que permettent les lois. Cette faculté n'existait pas sous la législation qui va disparaître. Le ministère de l'intérieur était investi d'un pouvoir arbitraire et pouvait frapper les journaux sans qu'ils eussent violé un seul texte législatif. Il suffisait que l'avertissement fût motivé d'une manière quelconque pour que l'Empereur, en son conseil d'Etat, ne pût lui-même réformer la décision ministérielle. Les journaux ne savaient donc ni ce qui leur était permis ni ce qui leur était défendu ; ils le sauront désormais : ils pouvaient à chaque instant, sans le savoir, franchir la limite de leurs droits, qu'aucune main n'avait posée ; cette limite sera désormais tracée.

Le ministère de l'intérieur avait sans doute, depuis quelques années, apporté de sages tempéraments à l'exercice de son immense pouvoir. Les avertissements étaient plus rares : on leur substituait volontiers le *communiqué*. Depuis que le décret du 24 novembre 1860 avait rendu la vie politique au pays, la presse, l'Empereur l'avait compris à merveille, devait s'associer à ce grand mouvement qu'il avait provoqué lui-même : on lui facilita donc, dans une certaine mesure, la discussion des intérêts publics. Mais avec quelque modération que le ministère de l'intérieur pût user de ses droits, ils n'en étaient pas moins illimités : ce régime tempéré se trouvait subordonné au bon plaisir d'un seul homme qui, tolérant par instinct, par calcul ou par conviction, pouvait faire place au plus intolérant des successeurs, qui pouvait lui-même, sans sortir de son rôle naturel et légal, passer, d'un jour à l'autre, à l'improviste, d'une bienveillance systématique à une sévérité draconienne. Quelle que soit la sagesse des hommes, ne vaut-il pas mieux compter avec les lois qui tracent un même devoir, clair et précis, au justiciable et au juge? Chaque ministre, outre ses sentiments politiques, a ses opinions sur les questions religieuses, économiques, sociales qui nous divisent : il ne faut pas être un bien profond psychologue pour comprendre qu'armé d'un pouvoir discrétionnaire, il verra, malgré la droiture de ses intentions, des adversaires dangereux du pouvoir dans les adversaires de ses propres idées. Rien de semblable à craindre sous le régime des lois. Les délits de presse sont les mêmes pour tous : toutes les opinions qui se meuvent dans la sphère légale sont également protégées.

Les journaux qui regrettent le système aujourd'hui proscrit par la lettre impériale n'apprécient pas toute la portée de la révolution qui vient de s'accomplir. Ils s'aperçoivent à peine qu'ils ont quitté leurs lisières et que l'immense horizon s'ouvre devant eux. La lettre impériale du 19 janvier, c'est la liberté de la presse, et la liberté de la presse, on peut l'affirmer, c'est toute la liberté politique. La liberté des élections, par exemple, ne lui est-elle pas inséparablement unie? Toutes les feuilles politiques peuvent soutenir en pleine sécurité toutes les candidatures : qui pourrait l'empêcher? quel danger peuvent-elles craindre, soit avant, soit après la période électorale? Qu'un abus se glisse dans les élections : il est dénoncé par une voix que rien ne saurait comprimer. Pas une influence occulte qui puisse arrêter la manifestation des opinions individuelles et la critique des actes, illégaux ou légaux, du pouvoir. C'est encore la liberté de la presse qui garantit l'exercice efficace du nouveau droit conféré au Corps-Législatif : le droit d'interpellation. Qu'un grand événement jette l'inquiétude dans le pays, que des armements étrangers mettent nos frontières en péril, mille voix réclament les explications des ministres, et le Corps-Législatif s'associe nécessairement au vœu de la presse, s'il est l'écho réel du vœu public. Aveugles ceux qui ne voient pas qu'où la liberté de la presse existe la liberté politique est fondée.

Mais d'excellents citoyens, apercevant cette vérité, s'en effraient. Ils craignent que la lettre impériale, en privant le pouvoir administratif d'une de ses plus importantes prérogatives, n'ait porté un coup fatal au gouvernement et au pays. Ils se rappellent l'ignoble langage de ces journaux éclos après la révolution de février 1848 : le *Journal des Sans-Culottes*, l'*Organisation du travail*, le *Père Duchesne*, la *Mère Duchesne*, le *Salut social*, l'*Aimable Faubourien*, *journal de la canaille*, qui prêchèrent impunément, pendant ces jours néfastes, l'insurrection et le pillage. Ils n'ont pas oublié ces autres feuilles où le roi Louis-Philippe était livré aux sarcasmes populaires, flétri d'infâmes surnoms, où les excitations à l'émeute et à l'assassinat se renouvelaient périodiquement, où les princesses, même, de la maison d'Orléans étaient quotidiennement insultées, alors qu'un journaliste pouvait écrire : « En trois ans, j'eus treize procès. J'en » gagnai douze. J'en perdis un par méprise de récusation.» J'entends autour de moi d'honnêtes gens craindre le retour de pareils excès : ils se trompent. Les procès de presse ne sont pas déférés au jury.

Loin de moi la pensée de médire du jury! Je défendais, il y a trois ans, dans la *Revue contemporaine*, l'institution du jury contre les attaques d'un de mes collègues, et mon opinion n'a pas varié. Je n'ai pas cessé de regarder les jurés comme on ne peut plus compétents pour statuer sur le fait, au grand criminel. Mais je ne saurais adopter cette opinion, chère aux journalistes, que le jury est seul compétent pour juger les délits de presse.

Beaucoup de gens très-libéraux, très-sincèrement attachés aux institutions représentatives repoussent aujourd'hui un pareil système, comme le plus énergique dissolvant de tout ordre politique et social. Les journalistes de l'opposition, sous tous les régimes, on le sait, demanderont toujours à ne relever que du jury ; mais leur opinion m'est suspecte. Ils gardent toutes leurs préférences pour la juridiction la plus indulgente, et rien n'est plus naturel : on ne peut pas leur demander un avis impartial, et, qu'ils le veuillent ou non, ce sont eux qu'il faut récuser avant tout dans un pareil débat.

Pourquoi soustraire la presse au droit commun? Je ne demande de privilége ni contre elle ni pour elle. Notre législation pénale est ainsi faite que le jury statue exclusivement sur les faits de nature à entraîner une peine afflictive ou infâmante : nul ne songe à blâmer le législateur d'avoir réservé les simples délits aux tribunaux correctionnels. Cette classification des tribunaux en trois catégories correspondant aux trois classes d'infractions, admise par plusieurs codes européens, n'a été sérieusement critiquée que par Mittermaier : approuvée par la grande majorité des publicistes, elle s'est enracinée dans nos mœurs, et les plus fougueux partisans du jury ne songent pas à l'abolir. Il me semble illogique d'y renoncer pour les délits de presse. Je sais que de fort honnêtes gens gardent une certaine tendresse d'âme pour ce genre de délits. Un écrivain coupable n'est jamais, pour eux, un grand coupable : pour quelques-uns, c'est un martyr au petit pied, et tout au moins une moitié de héros. Etrange inconséquence de l'esprit public, que n'ont pas corrigé tant de rudes épreuves et de douloureuses leçons! Parce que les délits de la presse n'ont d'analogie ni avec les délits contre les propriétés, ni avec les délits ordinaires contre les personnes, s'ensuit-il qu'ils ne doivent pas être fermement réprimés? Ne peuvent-ils pas troubler tout aussi profondément, quoique d'une autre manière, la paix publique et l'ordre social? et la *Mère Duchesne*, quand elle disait à l'Assemblée constituante, le 15 juin 1848 : « Vous avez oublié que nous avons du » plomb et des bras pour maintenir nos conquêtes. Fille » de la tyrannie, un beau jour le peuple, dans sa juste co- » lère, te serrera la gorge ; tu retomberas sur le pavé pour » ne jamais te relever ; » ou l'*Aimable Faubourien*, quand il disait au peuple, le 4 juin 1848 : Ton fusil! oh! cache- » le, cache-le, mais pourtant ne le quitte pas de l'œil, et » qu'au premier signal il se retrouve dans tes viriles

» mains (1), » n'étaient-ils pas tout aussi indignes d'une juridiction privilégiée que nos délinquants ordinaires ?

Pour combattre au profit du jury la juridiction correctionnelle, on emploie deux arguments principaux que je résume ainsi : « Les délits de presse sont indéfinissables ; tout
» le monde sait ce que c'est qu'un vol : personne ne peut
» dire ce qui constitue une *offense* ou une *attaque* par la
» pensée écrite : donc ces délits doivent être déférés au
» jury, qui est, par excellence, le juge du fait ; » voici le
second argument : « Les délits de la presse, étant des actes
» politiques, doivent être déférés à la seule juridiction qui
» représente l'opinion publique, c'est-à-dire au jury. »

Est-il vrai que les délits de la presse soient indéfinissables ?
Qu'on me permette tout d'abord de les diviser en deux catégories distinctes. Si quelque journal annonce qu'un citoyen
honorable a, tel jour, à tel endroit, commis un vol, un
faux ou un meurtre, la diffamation est claire et le doute ne
peut naître dans un seul esprit. Les mots changent-ils de
sens, s'il s'agit d'un homme politique ? Quand un journal
écrivait en 1835 : « Moins heureux que M. Thiers, cinq ou
» six voleurs faisant partie des bandes qui infestent Paris
» ont été arrêtés hier par les soins de la police, » croit-on
qu'un seul jurisconsulte éprouvât quelque embarras à *définir*
une pareille injure ? L'embarras commencera-t-il donc si
l'injure monte jusqu'au chef de l'Etat ? Quand le *Brid'Oison*
disait de Louis-Philippe : « Regardez cette figure, moitié
» visage et moitié poire ! ces yeux vrillés par l'hypocrisie,
» cette lèvre qui rit la trahison, tout cet être qui semble
» avoir la monomanie de la honte, etc., » le vol, le faux,
le viol, le meurtre, n'étaient pas susceptibles d'une qualification plus claire et d'une définition plus précise. Le premier des deux arguments que je réfute est évidemment inapplicable à cette catégorie d'infractions.

(1) V. l'intéressant ouvrage de M. F. Gireaudeau, sur la presse.
Dentu, 1867.

Parmi les délits de presse, je le reconnais, il en est qui, parfois, sont moins facilement définissables. Par exemple, il est souvent malaisé de savoir où commence, où finit l'excitation à la haine et au mépris, soit des citoyens contre les citoyens, soit des citoyens contre le gouvernement. Ici le juge a moins à résoudre une question de droit qu'une question de fait : il peut acquitter ou condamner sans violer la loi. Mais ce rôle n'est-il pas également dévolu aux magistrats en matière ordinaire ? Leur premier devoir n'est-il pas, dans la plupart des cas (1), de sonder la conscience du prévenu, et de l'acquitter, s'ils n'y trouvent pas d'intention coupable ? Par exemple, où le juge ne reconnaît pas l'intention de nuire, la diffamation manque; il n'en reste que l'apparence et l'ombre. C'est là, si je puis m'exprimer ainsi, un élément immatériel du délit que le magistrat cherche, comme le juré, en dehors des textes législatifs. Dans bien des cas encore, il n'existe pas de délit sans préjudice : le magistrat entre dans l'examen des faits, et, comme le juré, conforme sa sentence à l'opinion qu'il en a conçue. Quand Royer-Collard a dit : « Il n'y a de vrais ju- » gements que ceux qui sont écrits d'avance dans les lois, » il a fait du juge une machine à juger, et s'est trompé. Mais il s'agit ici, dira-t-on, d'apprécier des actes d'une nature particulière, des actes politiques : c'est le second argument, que je vais maintenant combattre.

Les délits de presse, étant des actes politiques, devraient être déférés au jury comme à la seule juridiction qui représente l'opinion publique ! Je me demande d'abord si l'opinion publique doit avoir précisément le dernier mot en pareille matière. Qui ne connaît ses entraînements et ses revirements ? L'opinion d'aujourd'hui n'est pas celle d'hier, et nul ne prévoit celle de demain. Quoi ! c'est à cette reine capricieuse et mobile que vous prétendez remettre le droit

(1) Il n'y a d'exception que pour les délits non intentionnels

de juger, quand le premier devoir du juge est de rester sourd aux bruits des passions populaires, quand il ne doit être complice ni de la haine ni même de la pitié publique ! Ah ! l'on raisonne ainsi parce que l'on compte sur les mollesses ou les faveurs de l'opinion : mais si, par hasard, cette opinion se déchaîne ardente, inexorable, contre un parti politique, oserez-vous confier à ses fureurs l'œuvre sainte de la répression générale ? Et pourtant il faut l'accepter pour souveraine dans une hypothèse comme dans l'autre !

Mais le jury n'a pas même le mérite de représenter l'opinion publique. Douze hommes vont prononcer sur le sort du délinquant. Les juges de paix ont écarté des listes tous les citoyens dont ils suspectent la moralité : comme la loi morale est la même pour tous, les jurés en apprécient à peu près de même les transgressions ordinaires, et nul d'entre eux ne s'avisera de justifier la conduite d'un parricide ou d'un empoisonneur. Veut-on que les juges de paix épurent également les listes au point de vue politique ? Non sans doute, car le jury cesserait alors de représenter exactement l'opinion. Les jurés seront donc recrutés indistinctement dans tous les partis. Leur verdict, qui l'ignore ? dépendra de leurs passions personnelles. On ne cesse de leur répéter qu'ils sont une émanation de la souveraineté nationale, et que les entraves de la loi n'existent pas pour eux; ils le croient et statuent en conséquence. Quelle majorité sortira de l'urne ? Aujourd'hui bonapartiste, demain peut-être légitimiste ou républicaine, elle acquittera ses amis et condamnera ses adversaires. La répression pénale est subordonnée à tous les caprices du sort et à tous les égarements de la passion politique. Mais encore une fois, cette majorité ne représente pas l'opinion; car elle change dix fois dans dix affaires, et peut, dans la même journée, passer de l'extrême indulgence à l'extrême rigueur. C'est une joûte politique et non plus un débat judiciaire. Le jury, dans l'état actuel de nos mœurs, n'est pas fait pour statuer sur les délits de la presse.

Quand l'Empereur écrivait le 19 janvier : « Une loi sera
» proposée pour attribuer exclusivement aux tribunaux
» correctionnels l'appréciation des délits de presse et sup-
» primer ainsi le pouvoir discrétionnaire du gouvernement, »
il rendait au pays, nous le croyons fermement, le plein exercice de la liberté politique sans ébranler son pouvoir et sans
compromettre la sécurité publique.

Mais quelles devront être les bases de la législation nouvelle? C'est ce que nous commencerons à examiner dans un
prochain article, où nous traiterons à la fois de l'appel des
jugements correctionnels et de la suppression judiciaire.

II.

## LA SUSPENSION ET LA SUPPRESSION JUDICIAIRE. — L'APPEL DES JUGEMENTS CORRECTIONNELS.

La France n'a pas oublié les divers incidents de la longue
lutte qui s'éleva dès 1815 et se prolongea jusqu'à 1852 entre
une partie de la presse et le pouvoir. Elle se rappelle que
certains journalistes, loin de fuir les poursuites, les accep-
taient de grand cœur et parfois les provoquaient. C'était
une occasion, pour d'obscurs écrivains, de se pousser dans
le monde et de se faire un nom. Quelques-uns d'entre eux
trouvaient dans leur condamnation même une auréole d'un
certain genre, et dédommagés de l'amende ou de l'empri-
sonnement par un surcroît de renommée, attendaient de
pied ferme une poursuite nouvelle. J'emprunte au récent
ouvrage de M. Giraudeau la citation suivante, extraite des
*Cancans* de Bérard :

« *Partie et revanche.* Ah! tu écris contre nous! Attends, nous
» allons lâcher sur toi la meute de Gisquet. Nous allons te faire

» saisir, emprisonner... Te tairas-tu maintenant? — Non, crou-
» pions, non. — Ah! ah! eh bien, nous allons te faire trois pro-
» cès, un en police correctionnelle, un en cour royale et un en
» cour d'assises. Tu auras du bonheur si tu en réchappes. — Que
» m'importe? J'*écrirai* que vous êtes des usurpateurs, des tyrans,
» des misérables! — Comment, tu écriras cela? Alors nous ferons
» faire une émeute à Sainte-Pélagie, et nos gisquetaires iront te
» fusiller sans sommation. Ecriras-tu, alors? — Oui, oui, j'*écrirai*
» que vous êtes les plus infâmes des hommes, etc., etc. »

Ce qui console l'écrivain frappé, ce qui soutient jusqu'au
bout son orgueil et son audace, c'est qu'on peut le frapper,
non le réduire au silence. Dix fois atteinte, sa feuille reste
toujours debout, répondant à la sentence du juge par un
nouveau délit et par une injure nouvelle.

Une législation qui permet à la presse cette persévérance
dans l'attaque et cette opiniâtreté dans le mal est entachée
d'un vice radical : l'impuissance. La loi pénale qui manque
d'effet préventif est une loi mauvaise, car elle n'est pas
seulement établie pour châtier le mal accompli, mais pour
empêcher le mal de s'accomplir. Que penser d'une loi qui
punirait le vol, mais à la faveur de laquelle les vols se mul-
tiplieraient? Qu'importe, en définitive, à la société la répression des délits de presse, si le nombre en croît tous les
jours? Une lutte à outrance s'engage alors entre le pouvoir
et la presse, lutte où la presse perd sa dignité, le pouvoir
son prestige, le pays sa sécurité. Mais ce sont les lois qui
doivent avoir le dernier mot contre la presse, et non la
presse contre les lois.

Rien ne pouvait égaler l'effet préventif du régime qui va
disparaître. Comme, pour les journaux, le premier des
besoins est de vivre, et que, d'un trait de plume, le ministre de l'intérieur pouvait rayer un journal du nombre
des vivants, la circonspection devenait la plus nécessaire
des vertus. Mais le vice du système, c'est que la mesure
de la circonspection pouvait varier d'une semaine à l'autre,
et rien ne garantissait contre un coup de foudre la plus
timorée des feuilles politiques. Que certaines fautes expo-

sent les journaux à la suspension, même à la suppression, rien de plus sage : mais les journaux doivent savoir à quoi s'en tenir, et quelles fautes peuvent interrompre ou briser leur existence. En un mot, le pouvoir judiciaire, seul, doit avoir la faculté de suspendre ou de supprimer les journaux : il ne peut l'avoir que dans des cas déterminés, c'est-à-dire à la suite de certaines condamnations.

Ce principe fut admis, sous la Restauration, par une loi libérale : j'ai nommé la loi des 18-23 juillet 1828, qui, de l'aveu de M. Guizot, alors adversaire du pouvoir, donnait à la presse les plus efficaces garanties. La loi de juillet 1828 s'exprime ainsi dans son article 15 : « En cas de récidive » par le même gérant et dans les cas prévus par l'article 58, » C. pén., les tribunaux pourront, suivant la gravité du » délit, prononcer la suspension du journal ou écrit pé- » riodique pour un temps qui ne pourra excéder deux mois » ni être moindre de dix jours. » La loi du 9 septembre 1835 étendit les pouvoirs des tribunaux : « En cas de seconde ou » ultérieure condamnation contre le même gérant ou contre » le même journal dans le cours d'une année, les cours et » tribunaux pourront prononcer la suspension du journal » pour un temps qui n'excédera pas deux mois, suivant la » loi du 18 juillet 1828. Cette suspension pourra être portée » à quatre mois si la condamnation a eu lieu pour crime. » Mais on sait qu'un décret du gouvernement provisoire abrogea la loi du 9 septembre 1835. La République dut bientôt recourir aux mêmes armes..... « A ces dispositions, dit » l'exposé des motifs de la loi du 27 juillet 1849, nous » avons cru devoir ajouter une mesure dont une expérience » récente n'a que trop fait ressortir la *nécessité impérieuse*. » L'article 15 de la loi du 18 juillet 1828 autorise à pro- » noncer, en cas de récidive, la suspension du journal pen- » dant dix jours au moins et deux mois au plus. Il nous a » paru que cette mesure devait être maintenue et *même* » *étendue.* » Le rapport de M. Combarel de Leyval n'était pas moins net : « L'article 12 fait naître la question de sa-

» voir si les pénalités prononcées par les lois et dont l'ap-
» plication, en cas de condamnation, est assurée par la
» gérance et le cautionnement, présentent, dans tous les
» cas, des garanties suffisantes à la société? Seront-elles
» efficaces pour prévenir ces excitations continuelles au ren-
» versement du gouvernement qui, en temps d'agitation,
» sont le propre des partis violents et dont les journaux
» sont les plus dangereux organes? Sans vous préoccuper
» de la législation précédente, qui témoigne le contraire,
» consultez si, dans certains cas extrêmes, il n'y a pas
» lieu de recourir à la suspension temporaire du journal.
» Le gouvernément propose, dans le premier paragraphe
» de l'article, le rétablissement de cette mesure autorisée
» par la loi du 18 juillet 1828. La commission donne son
» adhésion à une peine qui non-seulement *atteint l'entre-*
» *prise*, mais en même temps, *avertit l'opinion qu'un de*
» *ses prétendus organes a, pour ainsi dire, la coutume de*
» *se tenir violemment en dehors des lois.* » « La suspen-
» sion, dit enfin la loi elle-même, pourra être prononcée
» par les cours d'assises toutes les fois qu'une deuxième
» ou ultérieure condamnation pour crime ou délit sera
» encourue, dans la même année, par le même gérant ou
» par le même journal. La suspension pourra être pronon-
» cée même par un premier arrêt de condamnation, lorsque
» cette condamnation sera encourue pour provocation à
» l'un des crimes prévus par les art. 87 et 91, C. pén. »
Le pays était las des excès de la presse quand le décret organique de 1852 vint ordonner qu'après une condamnation
pour crime, deux condamnations pour délits ou contraventions commis dans l'espace de deux années, le journal serait
*supprimé de plein droit.* Bien plus, le gouvernement put,
pendant deux mois, après une seule condamnation, même
pour contravention, suspendre ou supprimer le journal.
Cette dernière disposition, peut-être la plus rigoureuse
qu'eussent imaginée les auteurs du décret organique, ne
pouvait subsister longtemps après le décret du 24 novem-

bre 1860 : elle fut abrogée purement et simplement par la loi du 2 juillet 1861. La loi nouvelle abrogeait en outre l'article 32 du décret organique « en ce qui concernait la sup- » pression de plein droit d'un journal condamné deux fois » pour délits ou contraventions. »

La législation qui nous régit actuellement donne, en définitive, aux tribunaux l'obligation de supprimer un journal une seule fois condamné pour crime, la faculté de supprimer un journal condamné deux fois pour délits ou contraventions commis dans l'espace de deux années : elle ne leur confère plus le droit de suspension. Ces dispositions sont-elles en parfaite harmonie avec l'esprit qui doit présider à la loi nouvelle? C'est ce que je vais examiner.

Il me paraît juste et sage de maintenir cet article du décret organique qui enjoint à la cour d'assises de supprimer un journal condamné, même une seule fois, pour crime. Les crimes commis par la voie de la presse sont assez rares ; car si le législateur envisage toute provocation au crime par des écrits ou imprimés comme un acte de complicité, le crime dégénère en délit quand la provocation n'est suivie d'aucun effet. Mais qu'une feuille politique provoque à quelque attentat contre la vie de l'Empereur et qu'on attente à la vie de l'Empereur ; qu'elle excite à la guerre civile et que les citoyens s'arment, en effet, les uns contre les autres, qu'elle pousse au pillage et que des bandes s'organisent pour le pillage, cette feuille ne mérite pas de survivre à l'arrêt qui l'a frappée. Son but n'est pas d'éclairer le pouvoir et le pays, mais d'ébranler le pouvoir et de bouleverser le pays. Laissera-t-on de nouveau le poignard s'aiguiser et la flamme menacer le foyer de chaque citoyen? Ce serait sacrifier l'intérêt bien entendu de la France à l'intérêt mal entendu des journaux. La presse elle-même est compromise par de pareils scandales qui la discréditent aux yeux des honnêtes gens et provoquent contre elle ces réactions dont elle a parfois tant souffert. Un journal condamné pour crime doit immédiatement disparaître.

Au contraire, la disposition qui autorise le juge à supprimer une feuille politique après deux contraventions n'est-elle pas exorbitante? Nul n'ignore ce qu'est une contravention de presse : il ne s'agit pas de ces infractions légères qu'on défère aux tribunaux de simple police, mais de ces délits qui existent abstraction faite de l'intention coupable, car le mot *contravention* prend à la fois l'un et l'autre sens dans la langue du droit pénal. La jurisprudence distingue avec soin les délits des contraventions en matière de presse : la cour de cassation, par exemple, interprétant l'article 8 de la loi du 11 août 1848 (1), refuse à l'auteur d'une contravention le bénéfice des circonstances atténuantes et l'accorde au délinquant ordinaire. Mais quoi qu'il faille penser de cette jurisprudence, les contraventions ne sont pas assimilables aux autres délits : elles ne supposent pas les mêmes desseins, elles n'entraînent pas les mêmes conséquences. N'est-il pas bien sévère de condamner un journal à mourir pour deux étourderies commises dans l'espace de deux ans? Par une bévue de l'ouvrier typographe, deux articles politiques auront paru dans la même feuille, le 1er janvier 1865 et le 31 décembre 1866, sans la signature de l'auteur : il est dur, ce semble, d'autoriser les magistrats à tuer un journal pour une semblable peccadille, même réitérée. La suppression d'un journal n'est justifiée que par les exigences de l'intérêt public, et l'intérêt public ne me paraît pas, dans une pareille hypothèse, exiger un pareil sacrifice.

N'y aurait-il pas lieu d'adoucir, à un autre point de vue, le décret organique, c'est-à-dire en rendant aux tribunaux le droit de suspension? La loi du 9 septembre 1835 autorisait « en cas de seconde ou ultérieure condamnation, » la suspension pour deux mois, quelquefois pour quatre mois; mais il fallait que l'un et l'autre délits fussent commis dans

______

(1) Cet article est ainsi conçu : « L'article 463 du Code pénal est » applicable aux *délits* de la presse. »

une seule année ; il suffit , pour l'application du décret organique, qu'ils aient été commis dans l'espace de deux ans, et le
décret autorise le juge à prononcer la suppression. Que cette
suppression doive être facultative, c'est ce qui semble évident, et la loi du 2 juillet 1861 n'a pas encore trouvé, si
j'ai bonne mémoire , un seul détracteur. Mais quoi! faut-il
enlever au juge ce droit intermédiaire que le législateur de
1852 avait conféré à l'administration? Le journal ne peut-il
avoir mérité une forte leçon sans avoir mérité la mort, et,
d'autre part, faudra-t-il le laisser parler sans interruption,
même quand un silence de quelques semaines eût été com-
mandé par les circonstances, parce qu'on reculera devant
la suppression absolue? L'administration perd à la fois le
droit de suspendre et le droit de supprimer : pourquoi donner le second aux magistrats sans les investir du premier?
Je proposerais volontiers de leur conférer la faculté dé suspendre le journal, condamné pour deux délits dans l'espace
de deux ans, pour vingt jours au moins et quatre mois au
plus : si, dans le même espace de temps, une troisième poursuite était suivie d'une troisième condamnation, les tribunaux pourraient prononcer la suppression. Les Stoïciens
voulaient que toutes les fautes fussent égales et je ne sais
plus quel faiseur de lois qu'une seule et même peine attei-
gnît toutes les infractions : on a depuis longtemps abandonné
ce système soit en philosophie, soit en législation.

Mais en investissant les tribunaux d'un si large pouvoir, on
pourrait équitablement, ce semble, donner une dernière
garantie à la presse. C'est aux cours impériales qu'il appar-
tiendra de statuer en dernier ressort sur le destin des journaux
poursuivis. D'après l'article 26 du décret organique, c'est à
la chambre correctionnelle de la cour que les appels doivent
être déférés : cinq magistrats peuvent prononcer irrévoca-
blement la suppression d'un journal. La loi du 25 mars 1822
avait organisé un autre système. « Les appels des jugements
» rendus par les tribunaux correctionnels sur les délits com-
» mis par des écrits imprimés par un procédé quelconque,

» disait l'article 17 de cette loi, seront portés aux cours
» royales pour y être jugés par la première chambre ci-
» vile et la chambre correctionnelle réunies. » Les journaux
condamnés n'auraient plus un prétexte pour prétendre,
comme ils l'ont fait quelquefois, que les chambres chargées
de les juger ont été composées en vue des poursuites. Le
nombre des juges, la présence habituelle d'un chef de cour
que ses lumières et son caractère ont désigné au choix du
prince, tout assurerait les prévenus et l'opinion publique
que la justice sera rendue avec impartialité, sagesse et
modération. Les suspensions et les suppressions seraient
longuement débattues par la majorité (1) d'une compagnie
éclairée, indépendante, amie de l'ordre et des lois, souvent
par cette compagnie tout entière (2). Ses arrêts, quels qu'ils
fussent, seraient empreints de toute l'autorité que peuvent
revêtir les décisions judiciaires.


## III.

### LES JOURNAUX LITTÉRAIRES.


Un décret du 28 mars 1852 exempta du droit de timbre
les journaux « exclusivement relatifs aux lettres, aux sciences,
» aux arts et à l'agriculture. » Le législateur, en prononçant
une semblable exemption, se proposait clairement un double
but. Au moment même où il soumettait à un régime sévère
les feuilles politiques, il disait au pays : « Loin de moi la
» pensée de comprimer toutes les manifestations de la pen-

(1) Sauf à Paris.

(2) La plupart des cours n'ont que deux chambres

» séc humaine! Les circonstances m'obligent à restreindre
» la liberté des feuilles politiques. Mais loin de nuire au
» progrès des arts, des sciences, des lettres et de l'agri-
» culture, j'aspire à leur développement. Un Lamartine
» obscur ne se plaindra pas que le fisc vienne étouffer les
» chants de sa muse; le timbre ne privera pas les cieux
» d'une planète nouvelle; Meyerbeer, Ary Scheffer et Ca-
» nova ne verront pas leur popularité amoindrie par les
» rigueurs d'une loi de finances : quant à l'agriculture, que
» les hommes d'Etat ont proclamée la plus douce, la meil-
» leure, la plus utile des professions, on pourra sans trop
» de frais propager sa modeste histoire et ramener d'ingrats
» serviteurs à ses autels délaissés. » Telle fut, le 28 mars
1852, une des intentions du législateur.

Ce n'était pas la seule. L'esprit public a besoin de pâture.
Il était, à cette époque, rassasié de politique : mais il fallait lui trouver un autre aliment. Un gouvernement sage devait prévoir que cette satiété ne serait pas éternelle : mais
s'il tenait à ce qu'elle fût de quelque durée, il devait pousser
la nation dans une autre voie. Encourager les lettres, c'é-
tait écarter loin des flots à peine calmés les amis des
lettres : encourager les productions relatives aux sciences,
aux arts, à l'agriculture, c'était encore détourner de la
sanglante arène ceux que leur instinct pousse aux travaux
agricoles, aux explorations scientifiques ou dans les régions
lumineuses de l'art. Après quatre années de poignantes
émotions, de secousses, de luttes civiles, un tel but était
assurément légitime.

Mais le décret du 28 mars 1852 avait commencé à perdre
cette seconde raison d'être depuis que l'Empereur avait, le
24 novembre 1860, rendu la vie politique au pays : il l'a
plus complètement perdue depuis la lettre impériale du
19 janvier 1867. Le pays recouvrant la plénitude de la vie
représentative, les journaux politiques redeviennent utiles
et nécessaires. Ils proclament l'opinion des divers partis
ou, si l'on veut, des divers intérêts auxquels se rattachent

les différentes classes de citoyens; non-seulement ils la proclament, ils la forment dans une certaine mesure. Ce n'est
pas que je conseille à mes lecteurs d'obéir à la voix de leur
journal favori comme un disciple de Pythagore obéissait
à son maître. Mais l'action rapide des journaux politiques
sur l'opinion est un fait nécessaire et quotidien dans une
monarchie constitutionnelle. Dès-lors il est inutile de chercher une autre pâture à l'esprit public. A notre époque,
partout où la presse est libre, l'esprit public est voué fata-
lement aux préoccupations politiques. Ce n'est pas que les
savants, les critiques, les poètes soient condamnés à disparaître. Mais eux-mêmes partageront trop souvent leur
temps et leur cœur entre la politique et la littérature ou la
science. Qu'ils se raidissent ou non contre le torrent, rien
ne saurait déplacer les préoccupations publiques; par conséquent, rien ne saurait entraver le développement des
feuilles politiques, et ce serait peine perdue que de chercher
à leur substituer des journaux littéraires.

S'il en est ainsi, le décret du 28 mars 1852 doit-il être
maintenu tel qu'il existe? Je ne le pense pas.

Il y a deux sortes de journaux littéraires. Quelques-uns
sont dignes de tous les égards. Rien ne contribue à purifier
les intelligences comme le culte sérieux des lettres : soit
que des esprits curieux se plongent dans l'étude de l'anti-
quité profane et ressaisissent les moindres lueurs de cette
civilisation qui enfanta la nôtre, soit que les disciples d'une
grande école contemporaine aillent chercher jusque dans les
ténèbres du moyen-âge les sources de notre droit constitu-
tionnel, soit que de nobles intelligences s'efforcent d'impri-
mer dans l'âme de la nation le goût éclairé de la statuaire, de
la musique et de la peinture, ces travaux méritent tout l'intérêt possible. Rien de plus sensé, de plus moral, de plus
politique que de les dégager de toute entrave fiscale et de
laisser à leur libre essor les productions destinées à les
vulgariser.

Mais nous assistons, depuis quelques années, à un singu-

lier spectacle. La France est inondée de journaux qui n'ont
de littéraire que le nom. Ces feuilles ne s'occupent en vérité
ni des lettres ni des arts, ou ne s'en occupent que d'une
manière très-accessoire. Elles spéculent sur l'ignorance et
la curiosité publique. Les unes ramassent dans la boue des
grandes villes des histoires de toute espèce et les ornent de
commentaires ridicules ; d'autres initient spécialement la
nation française aux aventures du demi-monde et prennent
à cœur d'immortaliser les galanteries de quelques femmes
publiques ; d'autres conduisent leurs abonnés dans les cou-
lisses des théâtres et répètent à des milliers de gens le dernier bon mot qu'une danseuse en vogue a laissé tomber de
ses lèvres ; d'autres travestissent les débats de la police
correctionnelle, les transforment en légendes grotesques ou
retracent avec un soin minutieux les incidents scandaleux de
nos audiences ; d'autres, enfin, calculent que le plus sûr
moyen de popularité, c'est encore d'entasser les platitudes
sur les platitudes et de compter largement sur la sottise du
du plus grand nombre. Ces journaux sont partout : ils nous
assaillent dans les gares, dans les cafés, dans les théâtres,
sur tous les points de la voie publique ; ils vont, dans les
plus humbles chaumières, former l'esprit et le cœur de nos
villageois ; ils se glissent dans les salons les plus aristocra-
tiques. Chose étrange ! C'est avant tout à ces journaux que
paraît avoir profité le décret du 28 mars 1852 ! Privilégiées
par la loi, ces petites feuilles pullulent : elles dominent sans
partage, et s'efforcent avec une merveilleuse persévérance
d'abaisser le niveau de l'esprit public dans notre pays.

Est-il bien utile d'exempter du timbre ces sortes de journaux ? Le ministre des finances trouverait un avantage évident à les ranger sous la loi commune. Je ne vois pas une
seule raison pour priver le Trésor d'une ressource si précieuse.

Ce n'est pas seulement pour grossir les recettes publiques
qu'on a soumis les journaux politiques au droit de timbre.
Comme ils exercent une très-grande puissance, on a voulu

se prémunir contre l'abus de cette puissance. De tout temps on a cherché des moyens préventifs contre la presse, parce que la prévention indirecte, celle qui résulte du châtiment des infractions ne suffisait pas pour protéger la société. La tâche du législateur consiste précisément à trouver des garanties préventives, mais non destructives de la liberté. Le timbre est une de ces garanties. Comme il augmente le prix de chaque feuille, il oblige l'éditeur à une mise de fonds plus considérable, partant il empêche le plus souvent que les organes des partis ne soient pris dans la région inférieure des opinions et des intérêts qu'ils représentent. Or il serait puéril de démontrer longuement l'intérêt du corps social à ce que ces organes partent d'une sphère plus élevée, où se rencontrent plus de modération, plus d'indépendance et plus de lumières (1).

Eh bien! la petite presse, elle aussi, a sa puissance. Les innombrables exemplaires de ces journaux, que je ne veux pas même nommer, pèsent sur l'esprit public et le gâtent de deux manières. Quelques-uns le démoralisent et d'autres l'abêtissent. Les uns vivent et règnent par le scandale : ils habituent cette partie du pays qui lit et pense à chercher dans leurs colonnes une honteuse pâture ; les autres éteignent l'esprit public. Oui, tandis que les véritables feuilles littéraires illuminent l'intelligence d'un peuple, celles-ci la plongent dans un mortel engourdissement. Qu'on y songe : en Angleterre, le journal le plus répandu, c'est le *Times*, un grand journal politique, rédigé par toutes les illustrations du pays. Chez nous, quel est le journal qui compte le plus d'abonnés ?... Et cependant quel intérêt la France n'a-t-elle pas à maintenir sa supériorité intellectuelle ! On ne cesse de répéter que l'intelligence et les institutions de la Prusse ont vaincu à Sadowa, bien plus que les nouveaux engins de des-

(1) V. le beau discours de M. Guizot sur le cautionnement des journaux, prononcé le 3 mai 1819 à la Chambre des Députés.

truction. C'est avec une patriotique douleur que nous ver-
rions décliner aujourd'hui la force intellectuelle et la royauté
civilisatrice de la France.

Mais comment distinguer les journaux véritablement littéraires des journaux soi-disant tels? S'il n'était pas possible
de les distinguer, il faudrait maintenir dans toute son étendue le décret du 28 mars 1852. Mieux vaut laisser parler
les sots que réduire les gens d'esprit au silence. Mieux vaut
laisser à la moins estimable partie de la presse sa force
d'expansion qu'entraver le développement réel et sérieux
des lettres. Il est d'ailleurs évident qu'il ne s'agit pas de
constituer un jury d'académiciens pour trancher à chaque
occasion cette question délicate. C'est au législateur lui-
même qu'il appartient de la trancher une fois pour toutes.

La publicité quotidienne ou presque quotidienne est de
l'essence des feuilles politiques. Quand la nation participe
au gouvernement, elle n'entend pas y participer par intervalles : c'est une action continue qu'elle veut exercer sur
elle-même. La publicité quotidienne ou semi-quotidienne est
une condition presque essentielle d'influence pour les feuilles
politiques. Les luttes politiques ne laissent pas un jour de
repos soit aux champions, soit aux spectateurs. Il n'en est
pas ainsi des journaux qui cherchent à seconder efficace-
ment le mouvement artistique ou littéraire du pays. Ceux-là
ne s'adressent qu'à un public d'élite, quelque étendu qu'on
le suppose d'ailleurs. C'est un culte calme, réfléchi jusque
dans ses ardeurs, qui contraste avec les enivrements de la
vie publique. La nécessité d'une polémique quotidienne a
disparu. Loin de contribuer au développement des arts et
des lettres, elle tend plutôt à l'entraver. Croit-on qu'un
journal consacré à la critique musicale puisse tous les jours
mettre à profit le talent de ses rédacteurs? Ils auront beau
fouiller dans le passé, ranimer les cendres des vieux com-
positeurs et mander tous les contemporains à leur barre ;
ils perdront bien vite haleine et s'évertueront à trouver des
sujets d'articles. Cette réflexion s'applique mieux encore

soit à la critique historique, soit aux grandes études littéraires, qui exigent des recherches et des méditations continuelles. Les principales revues anglaises ne paraissent pas à des intervalles très-rapprochés, et c'est, de l'aveu général, la première cause de leur supériorité. Parler moins souvent pour mieux parler, mûrir l'éloge et le blâme, substituer à l'analyse banale ou au bavardage superficiel l'idée réfléchie et féconde, tel est le programme naturel et nécessaire des journaux littéraires qui veulent honnêtement porter leur nom. C'est là qu'est la pierre de touche. Les journaux qui sont voués sérieusement aux lettres, aux sciences, aux arts, ne sont habituellement ni quotidiens ni semi-quotidiens, mais au plus hebdomadaires. C'est à ce prix qu'ils évitent la popularité de mauvais aloi; c'est à ce prix qu'ils peuvent soutenir leur rôle, servir utilement leur cause et justifier l'exemption du timbre. Je proposerais donc de distinguer à ce point de vue les journaux qui paraissent plus d'une fois par semaine et les écrits périodiques simplement hebdomadaires. Je ne parle pas en ennemi, mais en ami de la presse, désireux de la voir grandir en dignité, fortifiée par l'estime publique et capable d'exercer une salutaire influence sur la vie morale de la nation.

IV.

## L'AUTORISATION PRÉALABLE. — A QUELLES CONDITIONS ELLE POURRAIT ÊTRE SUPPRIMÉE.

Le décret organique sur la presse débute par ces mots :
« Aucun journal ou écrit périodique traitant de matières
» politiques ou d'économie sociale ne pourra être créé ou
» publié sans l'autorisation préalable du Gouvernement. »

Il serait injuste d'isoler cette mesure des événements qui la précédèrent. Après la révolution du 24 février 1848, la presse ne connut plus de frein. Quand le décret du 17 février 1852 vint la mettre en lisières, elle succombait sous l'abus de sa propre force. C'est par là qu'il faut expliquer quinze ans de régime administratif. Quatre années d'excès avaient enfanté le pouvoir discrétionnaire du ministère de l'intérieur et l'autorisation préalable.

Le système de l'autorisation préalable était d'ailleurs en parfait accord avec l'ensemble du régime administratif auquel la presse était soumise. Il eût été certainement illogique de confier à l'administration le droit d'intervenir à tout moment dans la vie des feuilles politiques, de la suspendre ou de l'anéantir à sa guise et de soustraire la création de ces mêmes feuilles à son contrôle. A quoi bon laisser vivre, pendant l'espace d'un matin, une feuille qui n'est pas viable? L'administration recevait indirectement du décret organique la faculté d'empêcher la création d'un journal, puisqu'elle pouvait l'arrêter au premier pas : le décret organique eût été bien inconséquent s'il n'avait pas remis au ministère de l'intérieur le droit d'autoriser les journaux.

Ce système fortifiait énergiquement le pouvoir. Au lendemain d'une crise terrible, il lui donnait le plus sûr moyen de combattre les mauvaises passions déchaînées contre l'ordre social. Mais à mesure que s'éloignait le souvenir de ces dangers, l'autorisation préalable paraissait moins nécessaire. Ce n'est pas que le gouvernement ait jamais le temps de se reposer : les passions antisociales sommeillent parfois, mais ne font que sommeiller dans notre pays, et les pouvoirs publics manqueraient à leur rôle, s'ils abdiquaient un moment leur droit de surveillance. Mais tout s'enchaîne dans les institutions d'un peuple, et depuis le décret du 24 novembre 1860, d'excellents citoyens regardaient l'autorisation préalable comme un anachronisme. Ce système, en effet, conférait à l'administration des droits immenses. Ainsi une nouvelle autorisation du gouvernement était nécessaire « à raison de

» tous changements opérés dans le personnel des gérants ,
» rédacteurs en chef, propriétaires ou administrateurs
» d'un journal. » La conséquence était claire : si le propriétaire d'une feuille politique venait à mourir, le gouvernement avait à se prononcer sur les destinées de cette feuille : en refusant d'agréer tous les gérants, tous les propriétaires qu'on lui proposait , il la condamnait à disparaître. Il pouvait au moins , si de telles rigueurs lui répugnaient, imposer aux héritiers un gérant , un propriétaire de son choix , insolvable ou solvable. Les mêmes difficultés attendaient le propriétaire qui cherchait à vendre son journal. Enfin le décret ne disait pas seulement qu'aucun journal ne pourrait être créé sans autorisation préalable , mais ne pourrait être *créé* ou *publié*. Ce n'était pas un vain pléonasme, et le ministre de la police , dans une circulaire bien connue, avait annoncé aux préfets que la faculté d'autoriser impliquait celle de retirer l'autorisation. Cette interprétation n'était pas, ce semble, contraire aux principes généraux du droit administratif. C'est ainsi que le ministre de l'intérieur, d'après la jurisprudence invariable du conseil d'Etat (14 novembre 1821 , 21 juin 1833, 3 mars 1852) pouvait autrefois retirer le brevet ou le privilége d'un théâtre : c'est ainsi que le brevet peut être encore retiré à tout imprimeur ou libraire, mais seulement, il est vrai, quand il aura été convaincu par un jugement de contravention aux lois et règlements , le droit de l'administration étant ici restreint par la loi du 21 octobre 1814. Descartes a soutenu que le monde visible , ne tirant pas l'être de lui-même, était l'objet d'une création continue : c'est une doctrine qu'on aurait pu, sans trop d'inexactitude, appliquer aux journaux avant la lettre impériale du 19 janvier 1867. Je sais très-bien que le gouvernement a donné, depuis la fondation de l'Empire , cent quarante-huit autorisations et qu'il a souvent interprété la loi d'une façon libérale , même envers ses ennemis : mais c'est la loi que j'examine et non la conduite du gouvernement.

Après la lettre du 19 janvier 1867, on se demanda si l'autorisation préalable serait maintenue ou supprimée.

La lettre impériale se taisait sur cette grave question. Mais quelques publicistes affectaient de soutenir que le maintien de l'autorisation préalable était absolument incompatible avec le rétablissement de la juridiction ordinaire. Ne comprenez-vous pas, disaient-ils, que l'administration, gardant le droit d'autoriser, garde par là même celui de retirer l'autorisation ? Ne serait-ce pas se jouer du pays que d'enlever au gouvernement la faculté de supprimer les journaux en vertu de l'article 32 du décret organique, et de la lui laisser en vertu de l'article 1er ? Ce raisonnement n'est pas concluant. On était nécessairement conduit à modifier partiellement le système de l'autorisation préalable, mais on pouvait ne le modifier que partiellement. La contradiction que signalent ces publicistes disparaissait, si une loi, conservant au pouvoir administratif le droit d'autoriser la création des feuilles politiques, lui avait formellement enlevé le droit de rétracter l'autorisation, soit en temps ordinaire, soit même à raison des changements opérés dans le personnel des gérants, rédacteurs en chef, propriétaires et administrateurs. C'est un régime analogue que, malgré la jurisprudence du conseil d'Etat, MM. Blanc et Vivien, Lacan et Paulmier, prétendaient trouver dans la législation des théâtres. Ce système mixte n'a rien d'impraticable : il eût rallié certains esprits qu'effraie le système de la déclaration pure et simple.

D'après les journaux les mieux informés, le gouvernement proposerait au Corps-Législatif de remettre en vigueur l'article 1er de la loi du 18 juillet 1828, c'est-à-dire de permettre à tout Français majeur, jouissant des droits civils, de publier un écrit périodique sans autorisation préalable, après une déclaration faite, soit au ministère de l'intérieur, soit au secrétariat des préfectures.

Ce qui distingue et caractérise le second Empire, c'est qu'au lieu de tendre chaque jour davantage les ressorts du gouvernement, il a su les défendre à deux reprises. Il a cru se fortifier, non pas en repoussant plus énergiquement la liberté politique, mais en marchant vers elle. La plus grande faute qu'on pût commettre, après le 19 janvier, c'était de saper le nouveau programme par sa base et d'amoindrir l'effet de la lettre impériale. Le gouvernement, pour être conséquent avec lui-même, devait convaincre le pays qu'il avait réformé sérieusement l'ancien ordre de choses. Ce n'est pas qu'il faille compter sur l'adhésion de tous. Il y a des gens que rien ne saurait satisfaire parce qu'ils ne veulent pas être satisfaits. Mais l'immense majorité de ceux qui demandaient la substitution des tribunaux ordinaires à la juridiction administrative réclamait en même temps la suppression de l'autorisation préalable : il n'était, ce semble, ni bien habile ni bien logique de leur donner raison sur un point et tort sur l'autre.

D'ailleurs, si la suppression de l'autorisation préalable ne se rattachait pas *nécessairement* à la suppression de la juridiction administrative, elle en découlait assez logiquement. On pouvait, à la rigueur, concevoir que l'autorité administrative intervînt à la création des journaux, puis les abandonnât au pouvoir judiciaire; mais il était plus naturel, puisqu'on rangeait la presse sous le droit commun, de l'y ranger tout-à-fait. De même que le système de l'autorisation préalable est en harmonie avec le régime du pouvoir discrétionnaire, le système de la déclaration pure et simple est en harmonie avec le nouveau régime. La presse n'aura désormais à compter qu'avec le pouvoir judiciaire. C'est l'exécution fidèle de la pensée contenue dans la Déclaration des droits de l'homme de 1791 : « La libre communication
» des pensées et des opinions est un des droits les plus pré-
» cieux de l'homme ; tout citoyen peut donc parler, écrire
» librement, sauf à répondre de l'abus de cette liberté
» dans les cas déterminés par la loi. »

La plus fâcheuse conséquence du monopole, c'était de fausser dans certains cas l'expression du sentiment général.

Un observateur attentif peut, en Angleterre, connaître l'opinion publique en étudiant la presse. Il n'en a pas toujours été de même dans notre pays. Pour ne citer qu'un exemple, les étrangers, qui l'année dernière, pendant la guerre entre la Prusse et l'Autriche, auraient jugé l'opinion sur la presse parisienne se seraient grossièrement trompés. Il est arrivé dans tous les temps que la presse, au lieu de refléter l'opinion, l'a contredite ou altérée : mais ce qu'on pouvait regarder comme un accident sous le régime du droit commun est devenu, sous le régime de l'autorisation préalable, un phénomène fréquent et presque régulier. Plus il était loisible au premier venu de séduire un certain nombre de journaux privilégiés, à ceux-ci de s'entendre pour marcher vers un but commun, plus ils échappaient à l'impulsion de la véritable opinion publique.

Ce n'est pas que nous envisagions la suppression de l'autorisation préalable avec un enthousiasme sans mélange. Nul ne se dissimule moins que nous les inconvénients inhérents au nouveau système. Il n'y a pas, dans notre pays, d'utopie qui n'ait ses adeptes. La France est une nation généreuse, ardente, prompte à s'éprendre d'idoles nouvelles, non moins prompte à les renverser. Il n'est pas sans péril que les idées les plus extravagantes, les plus anti-sociales, aient des organes légaux dans la presse périodique. Ces organes, on le sait, ne leur manqueront pas. Des gens ouvertement décidés à provoquer une révolution politique ou sociale voudront fonder un journal : ils le fonderont sans obstacle. L'inconvénient est clair, et je ne suis pas de ceux qui ferment les yeux pour ne point voir.

L'autorisation préalable ne peut être, selon moi, supprimée qu'à trois conditions.

J'ai dit, dans mon second article, qu'il était indispensable de confier au pouvoir judiciaire, dans certains cas, le droit de suppression. Mais il ne faut pas briser d'avance, entre les mains des magistrats, cette arme puissante. Que deviendrait, je le demande, un pareil droit, si le journal supprimé pouvait, le lendemain, paraître sous un autre titre en vertu d'une simple déclaration? La plus illusoire des mesures, une pompeuse menace dont se joueraient toutes les feuilles politiques. De toutes les peines, la suppression serait la plus agréable aux journalistes condamnés : ils la préféreraient sans doute à la suspension. Comment remédier à un semblable inconvénient? En frappant d'incapacité le gérant, l'administrateur, le rédacteur en chef de la feuille supprimée? Le remède serait dérisoire, car on aurait trouvé quelques heures après trois hommes de bonne volonté pour remplacer, dans le journal ressuscité sous un nouveau nom, la dynastie déchue. Je n'aperçois qu'un seul moyen pratique de concilier le droit de suppression judiciaire avec la destruction de l'autorisation préalable : c'est d'attribuer au Trésor, en cas de suppression, les deux tiers au moins, les trois quarts au plus du cautionnement. C'est une rigueur qui paraîtra sans doute exorbitante à quelques-uns de nos lecteurs : mais c'est une rigueur salutaire, car elle peut seule faire coexister le principe libéral de la loi du 18 juillet 1828 et le principe conservateur de la suppression judiciaire.

Si l'on supprime l'autorisation préalable, il faut encore élever le cautionnement des journaux dans les villes d'une population supérieure à cinquante mille âmes. Le cautionnement est une de ces garanties préventives qui, sans exclure la liberté des journaux, protègent la société contre l'omnipotence de la presse périodique. La presse n'est pas le pays : elle est quelquefois la meilleure et quelquefois la pire des choses. Elle éclaire, mais elle brûle; elle guérit les blessures, mais elle sait aussi les envenimer; elle distille des sucs bienfaisants et des poisons mortels; elle vivifie et tue. Il faut que la démocratie ait ses organes; mais est-il utile au pays que ces organes partent de la sphère inférieure et des derniers rangs de la démocratie? D'autre part, n'est-il pas impolitique de faciliter l'accès de cette tribune retentissante à des hommes insolvables, perdus de dettes, ayant tout à gagner, rien à perdre aux changements? Les lois de septembre 1835, qui n'admettaient pas l'autorisation préalable, avaient dû porter le cautionnement des feuilles parisiennes à 100,000 fr. L'autorisation préalable était à elle seule une telle garantie que le décret organique de 1852, plus rigoureux que les lois de septembre, avait pu sans péril réduire ce chiffre de moitié. Mais l'autorisation disparaît, et depuis quinze ans, quelle n'a pas été la dépréciation des espèces métalliques ! Un cautionnement de 50,000 francs, en 1852 et en 1867, à plus forte raison un cautionnement de 100,000 francs, en 1835 et en 1867, représentent des valeurs bien différentes. La presse serait donc moins durement traitée qu'en 1835, si l'on revenait aux chiffres posés par les lois de septembre. Quoi qu'il en soit, on ne saurait supprimer l'autorisation préalable sans élever le cautionnement des journaux.

Mais la plus essentielle de toutes les garanties préventives, c'est la législation actuelle de l'imprimerie. « Nul ne sera im-» primeur ni libraire, dit la loi du 21 octobre 1814, s'il n'est » breveté par le roi. » Cette disposition législative a survécu non seulement à la Révolution de 1830, mais encore à celle de 1848. La presse manquait-elle de liberté sous la monarchie de Juillet ? Cette liberté n'atteignit-elle pas, sous la République, ses dernières limites ? Pourquoi retirer à la société la précieuse garantie que lui donna le législateur de 1814 ? Les principes de l'économie politique l'exigent ? Mais le domaine de l'économie politique est limité : tout ne doit pas fléchir sous ses règles absolues. Est-ce que le premier venu peut représenter les plaideurs devant les tribunaux ? L'économie politique le voudrait peut-être : mais jamais les plaideurs ne furent plus mal représentés, les procès plus onéreux que dans cette période de notre histoire où la corporation des avoués fut anéantie. Croit-on que notre législation pénale ait tort de réprimer l'exercice illégal de la pharmacie et de la médecine ? Cependant le pharmacien, qui vend ses remèdes, est encore un commerçant : c'est peut-être, aux yeux des économistes, entraver la liberté du commerce que d'empêcher les charlatans d'ouvrir boutique. Quoi ! des hommes flétris justement par l'opinion, des hommes acharnés contre notre constitution politique et sociale pourront être imprimeurs en vertu d'une simple déclaration ! Mais ne sent-on pas à quel péril on expose par là même le gouvernement et la société ? Il n'y aurait pas d'obscénité, pas d'outrage à l'Empereur, pas de blasphèmes contre les religions établies qui ne trouveraient leur éditeur, car on espère trop souvent, en cas pareil, échapper aux regards de la justice. J'ajoute que le gouvernement n'a pas d'intérêt à coaliser contre un de ses projets de loi, peut-être contre sa politique, les imprimeurs et les libraires de toute la France. Qu'on permette donc à tout citoyen de fonder un journal : un journal vit au grand soleil, et, s'il compromet gravement la sécurité publique, il ne la compromettra pas longtemps : mais qu'on ne désarme pas en même temps la société d'une autre manière, et qu'on respecte une loi dont aucun publiciste sérieux n'avait, depuis cinquante ans, réclamé l'abrogation. C'est, je le répète, à ces trois conditions qu'on peut supprimer l'autorisation préalable.

Puisse donc enfin la France marcher virilement à l'accomplissement de ses destinées sous une législation forte et sage ! Puisse-t-elle mettre à profit les leçons du passé pour arriver à la difficile pratique de la liberté ! Une nouvelle épreuve commence pour elle : il faut l'envisager sans trouble et se mettre à la hauteur de cette noble tâche. Mais si l'on ne sait prévenir le retour des excès qui ont déjà compromis cette cause, la liberté politique ne se fondera pas !

Beauvais, imprimerie de D. PERE, rue Saint-Jean.